CATALOGUE

D'ESTAMPES

ANCIENNES ET MODERNES

PRINCIPALEMENT

DE L'ÉCOLE FRANÇAISE DU XVIIIe SIÈCLE

EN NOIR ET EN COULEURS

COSTUMES, CARICATURES

DONT LA VENTE AUX ENCHÈRES PUBLIQUES AURA LIEU

HOTEL DROUOT

SALLE N° 5

Les Jendi 10 et Vendredi 11 Janvier 1889,

A 1 heure et demie

Me MAURICE DELESTRE
Commissaire-priseur,
27, RUE DROUOT, 27

M. JULES BOUILLON
Md d'estampes, Succ^r de CLÉMENT
3, RUE DES SAINTS-PÈRES, 3.

PARIS — 1889

CATALOGUE

D'ESTAMPES

ANCIENNES ET MODERNES

PRINCIPALEMENT

DE L'ÉCOLE FRANÇAISE DU XVIIIe SIÈCLE

EN NOIR ET EN COULEURS

COSTUMES, CARICATURES

DONT LA VENTE AUX ENCHÈRES PUBLIQUES AURA LIEU

HOTEL DROUOT

SALLE N° 5

Les Jendi 10 et Vendredi 11 Janvier 1889,

A 1 heure et demie

Par le ministère de Me **MAURICE DELESTRE**, Commissaire-Priseur,
27, rue Drouot

Assisté de **M. J. BOUILLON**, marchand d'Estampes de la Bibliothèque Nationale,
rue des Saints-Pères, 3.

PARIS — 1889

CONDITIONS DE LA VENTE

La vente se fera au comptant.

Les acquéreurs payeront *cinq pour cent* en sus des enchères, applicables aux frais.

M. J. Bouillon, chargé de la vente, se réserve la faculté de rassembler ou de diviser les lots.

ORDRE DES VACATIONS

Jeudi	10 Janvier......................	N^{os}	1 à 269
Vendredi 11 »	....		270 à la fin.

DÉSIGNATION

ESTAMPES

ADRESSES

1 — *Pierre-Bourdon*, maître graveur, à Paris, par R. Lafage. Rare.

2 — *Vente*, Relieur et doreur des menus plaisirs de la chambre du roy.

3 — *La Chapelle*, marchand papetier..., rue d'Anjou, au Marais, à Paris.

4 — Le sieur *Magny*, ingénieur pour l'horlogerie... A l'abbaye Saint-Germain, gravé par Eisen et Ingram. Très belle épreuve.

5 — *Merlen*, graveur sur tous métaux... Palais du tribunat. Paris, gravé par Roger, d'après Prud'hon.

6 — Fabrique royale de crespes de Lyon, gravé par Thourneysen, d'après Blanc. Rare.

7 — Solennité des mariages, gravé par Tardieu, d'après Cochin.

8 — Calendrier spirituel et de pratique, dédié à Madame Louise, 1773, gravé par Croisey, d'après Bellot. Rare.

9 — Compagnie des gardes à pied ordinaires du corps du roi (tableau de service), gravé par Texier. Très belle épreuve.

10 — Brevet donné par le président de l'académie de Saint-Ferdinand, à Ingouf, graveur, gravé par Carmona, d'après Gonzalez Velasquez. Rare.

ADRESSES

11 — Affiches, annonces et avis divers, gravé par Delafosse, d'après Eisen.

12 — Ex libris, têtes de lettres et de factures, etc. 13 pièces.

13 — Encadrement avec draperies, pour cartes de visite

ALIX (P.-M.)

14 — *Corday* (Marie-Anne-Charlotte). In-folio en couleur. Belle épreuve.

15 — *Laurent* (Jean-Jacques), négociant. In-4 en couleur. Très belle épreuve.

16 — *Lavoisier*. In-folio en couleurs. Belle épreuve avant la lettre.

17 — *Michu*, du théâtre de l'Opéra-Comique. In-folio en couleur. Très belle épreuve.

18 — *Raynal* (Guillaume-Thomas), d'après Garneray. In-folio en couleurs. Deux épreuves.

ALKEN (S.)

19 — Studious Gluttons, d'après T. Rowlandson. Très belle épreuve.

20 — The Bachelor, d'après H. Wigstead, en couleur. Belle épreuve.

AMANS (d'après)

21 — Atelier du sieur Jadot, menuisier, cy devant église Saint-Nicolas. Très belle épreuve, marge.

ANONYMES

22 — Ali-Mustapha. In-4 en couleur.

23 — *Du Barry* (Madame la comtesse). In-8. Belle épreuve.

24 — *Voltaire*, esquisse d'après nature, faite à Fernex, en 1769. In-4. Belle épreuve.

ANONYMES

25 — L'Amour fait danser les grâces. — Le temps fait passer l'amour. — La rose prise. — Le Colin-Maillard. — La pêche aux cœurs. Cinq pièces.

26 — Médaillon trompe-l'œil où sont représentés les portraits de Mirabeau, Lafayette, l'abbé Mauri, Marat, Bailly, etc. In-8 en couleurs. Belle épreuve.

27 — Folies de carnaval. Belle épreuve.

AUBERT (d'après L.)

28 — Le Billet doux. — La Revendeuse à la toilette. Deux pièces faisant pendants, gravées par Cl. Duflos. Très belles épreuves.

29 — Le Dessein. — Le Peintre. Deux pièces gravées par Duflos et F. Basan. Très belles épreuves, marges.

AUBERT (M.)

30 — L'Homme entre deux âges et ses deux maîtresses, d'après S. Le Clerc. In-4. Belle épreuve.

AUBRY (d'après)

31 — Bazile et Laurette, — Bazile et Luzy. Deux pièces faisant pendants, gravées en couleur par Bonnet. Belles épreuves.

32 — Le Mariage rompu, par R. de Laünay. Belle épreuve.

BALECHOU (J.-J.)

33 — *Crebillon* (P. J. de), d'après Aved. In-4. Belle épreuve, marge.

BALTARD

34 — Vue de la cour du Louvre. Belle épreuve.

BANCE (A Paris, chez)

35 — La Mère à la mode, la Mère telle que toutes devraient être, pièce coloriée. Belle épreuve.

BASSET (A Paris, chez)

36 — Tableau des vicissitudes humaines, pièce coloriée.

37 — La Nouvelle mode ou l'Écossais à Paris. — L'Escamoteur ambulant. — Le Désagrément des piétons dans Paris. Trois pièces coloriées.

38 — La Rage de la mode, ou milord Tripp chez un fabricant de corsets. — La Valse. — Les Bossus mélomanes. Trois pièces coloriées.

BAUDOUIN (d'après P.-A.)

39 — Annette et Lubin. — Les Cerises. Deux pièces faisant pendants, gravées par N. Ponce. Épreuves avant la lettre.

40 — Le Jardinier galant, par Helman. Très belle épreuve.

41 — Jusque dans la moindre chose, par L.-J. Masquelier. Belle épreuve.

42 — Perette, par Guttenberg. Très belle épreuve. ————

43 — Sa taille est ravissante, par Le Beau. Belle épreuve.

44 — Le Soir, par de Ghendt. Très belle épreuve.

BEAUVARLET (J.-A.)

45 — *Bourgogne* (le duc de), d'après Fredon. In-8. Belle épreuve.

BELLANGÉ (H.)

46 — Après le combat. — Les Gardes à la porte. — Le Retour au village. — Vive l'empereur, etc. 17 pièces.

47 — Sujets tirés d'albums et autres. 144 pièces.

BENWELL (d'après)

48 — Cupid désarmé. — Cupid's revengé. Deux pièces en couleur, gravées par Knigt. Belles épreuves.

BERICOURT (d'après)

49 — Le Dîner du camp, par Boissier, en couleur. Belle épreuve.

BERTAUX (DUPLESSIS)

50 — Jeannot et Colin, scène d'opéra comique. Épreuve à l'état d'eau-forte. *Bay.*

51 — La Bienfaisance ingénue. Très belle épreuve avec la légende.

BERTAUX (d'après DUPLESSIS)

52 — Le Charlatan français, — le Charlatan allemand. Deux pièces faisant pendants, gravées par Helman. Belles épreuves.

53 — Le Charlatan français, par Helman. Très rare épreuve à l'état d'eau-forte. *Beral. iH*

BERTAUX (d'après J.)

54 — La Marchande de marrons, par Auvray. Bonne épreuve.

BERTAUX (H.-J.)

55 — Le Moment d'hilarité universelle, ou le Triomphe de MM. Charles et Robert au jardin des Thuileries, le 1er décembre 1783. Belle épreuve.

BERTHAULT

56 — Les Diseurs de bonne aventure, pièce de forme ronde, imprimée en bistre. Très belle épreuve.

BERTHET (Chez)

57 — Vénus ou la Prétendue comète du jour. Petite pièce ovale, coloriée.

BINET (d'après)

58 — La Nourice élégante, — le Plaisir de la pêche, — le Chasseur. Trois pièces gravées par Ambrosi et Testolini. Très belles épreuves, marges.

59 — Nic.-Ed. *Restif, fils-Edme,* par L. Berthet, in-4. Très belle épreuve, toute marge.

BLIGNY (Chez)

60 — *Soufflot* (Jacques-Germain), in-fol. Bonne épreuve.

BOILLY (L.)

61 — Le Jeu de l'écarté, — le Jeu de tonneau, — le Jeu de billard. Trois pièces.

62 — La Vaccine. Belle épreuve.

BOILLY (d'après L.)

63 — Ah ! comme il y viendra, par A.-F. Clavareau. Belle épreuve.

64 — La même estampe. Belle épreuve.

65 — Marche incroyable, par Bonnefoy. Bonne épreuve.

66 — On la tire aujourd'hui, — la Douce résistance. Deux pièces gravées par Tresca. Belles épreuves.

67 — La Serinette, par Honoré. Belle épreuve.

68 — Première et deuxième scènes de voleurs. Deux pièces gravées en couleur par Gror. Belles épreuves.

BONNET

69 — Le Syndic à la promenade, — le Tartare et la Chambrière,— le Baiser donné,— le Baiser refusé. Quatre pièces en couleur. Rares.

BOREL (d'après)

70 — L'Innocence en danger, par P. Huot. Superbe épreuve avant la dédicace, marge.

BOREL et AUBRY (d'après)

71 — La Faute est faite, permettez qu'il la répare, — l'Abus de la crédulité. Deux pièces gravées par Anselin et De Launay.

BOSIO (D.)

72 — Bal de l'Opéra. Très belle épreuve en couleur.

73 — La Bouillotte. Très belle épreuve en couleur.

74 — Les Invisibles. Belle épreuve en couleur.

75 — La Poule, en couleur. Belle épreuve.

BOSIO (D.)

39 76 — Le Coucher des ouvrières en linge, — le Lever des ouvrières en linge. Deux pièces en couleur. Belles épreuves.

9 77 — Ah ! beaucoup vous critiquent, mais peu vous imitent, par J. Marchand. Très belle épreuve.

28 78 — Le Colin-Maillard, — le Volant, — les Quatre coins, — la Main chaude. Suite de quatre pièces en couleur.

BOUCHER (d'après F.)

19 X 79 — Frontispice allégorique sur les arts. In-fol. Epreuve à l'état d'eau-forte.

BOURGEOIS DE LA RICHARDIÈRE

27 X 80 — *Sophie Arnould*, de l'Académie royale de musique, d'après de La Tour. In-8 en couleur. Très belle épreuve, marge.

BOWLES

81 — Scènes de la vie anglaise. Cinq pièces coloriées.

BUNBURY (d'après)

11 82 — Courier françois, par J. Bretherton. Belle épreuve.

83 — A. Dancing Bear, par C. Knight. Très belle épreuve.

CALLOT (J.)

84 — Les Misères de la guerre. Suite de dix-huit pièces dont nous n'avons que six.

CARESME (d'après)

10 85 — L'Aveugle trompé, par Vossenik, en couleur. Belle épreuve.

2.50 86 — La Colombe chérie, — le Refus inutile. Deux pièces gravées par F. Flipart. Très belles épreuves.

22 87 — Les Plaisirs champêtres, — la Danse champêtre. Deux pièces gravées en couleur par Wossenik. Belles épreuves.

CARICATURES

88 — Caricatures françaises. Le Suprême bon ton. 14 pièces publiées chez Martinet.

89 — Caricatures parisiennes. La Folie du jour, — Modes du jour, etc. Cinq pièces publiées chez Martinet et Basset.

90 — Caricatures parisiennes. Garde à vous ! 36 pièces, — Caricatures parisiennes et caricatures universelles, etc. Cinquante pièces en 1 vol. in-fol. cart.

91 — Les Sens, tiré du *Musée grotesque*, et caricatures diverses. Huit pièces publiées chez Martinet.

92 — Caricatures tirées du *Musée grotesque*. Dix pièces publiées chez Martinet.

93 — M. Poudret, coiffeur, — le Vieux mari coiffé par sa femme, — le Confesseur de village, — les Apprêts du bal, — la Galanterie française, ou l'Aimable Anglaise, — la Famille française à Londres, — Manières différentes de vider une affaire d'honneur. Douze pièces publiées chez divers éditeurs.

94 — Les Garnitures, — le Baiser à la capucine, — le Déjeuner, etc. Cinq pièces de la suite intitulée : le Bon genre.

95 — Le Démocrite du siècle. Six pièces publiées chez Basset.

96 — La Vie d'un joli garçon à Paris, ou le Paysan perverti, — la Vie d'une jolie fille à Paris, ou la Paysanne pervertie. Deux pièces publiées chez Charon.

97 — Les Effets du printemps, — l'Agrément de l'été, — les Plaisirs de l'hiver. Trois pièces publiées chez Martinet.

98 — Caricatures parisiennes. Désagrément des cabriolets, — le Délassement des politiques, — les Papas jouant au petit palet, — le Poisson d'avril, — les Epoux du dix-septième siècle, — le Compliment du jour de l'an. Six pièces publiées chez Martinet.

99 — Le Bain économique des incroyables de la rue de la Tannerie, à quinze centimes, — Délassement des habitués du Luxembourg au café du Sénat, — Pensent-ils à la musique, — Soirée amusante de la terrasse du jardin du Luxembourg, etc. Neuf pièces publiées chez Martinet.

CARICATURES

100 — Départ de M. Belle-Taille pour le bal, — Admirable
effet de la vaccine, — la Mère comme il y en a trop, et
la fille comme on en voit peu, — l'Embarras des richesses,
— les Boxeurs, etc. Huit pièces publiées chez Martinet.

101 — Caricatures sur les calicots. Neuf pièces publiées chez
divers éditeurs.

102 — Le Double piège, — Les Quatre sans femme, — Les
Toasts, — La Rencontre sur le Pont-Neuf, — M. Gillet,
tailleur, — M. Garrick, introducteur des modes, — L'Os-
sian moderne. Huit pièces publiées chez Martinet.

103 — Sortie de l'Opéra. 1 pièce.

104 — La Première nuit des noces, — Le Lendemain des noces.
Deux pièces publiées chez Martinet.

105 — Les Deux Extrêmes, — Les Deux Rivaux, — Magasin
de visages au besoin, — Sujets grotesques, — L'Homme
à deux faces, etc. Sept pièces.

106 — Les navets, — Cavalcade de Longchamps, — Trait de
sensibilité, — La Parisienne de 1816, — M. Grenier à
puce, marchand de chiens, — Avenue des Champs-Elysées, jours de Longchamps, etc. Neuf pièces publiées chez
Martinet.

107 — Le Lutrin, — Le Lutrin de village, — Le Sermon de
village, — La Quêteuse, — La Cage ouverte, ou le dé-
sordre dans l'atelier du peintre, — Crédit est mort, etc.
Sept pièces publiés chez Basset.

108 — Les Coulisses de l'Opéra, — Une paire de bas pour
deux, — Effets merveilleux des bretelles, — Nouvelle
manière d'essayer des culottes de peau, — Effets merveilleux des lacets. Cinq pièces publiées chez Basset.

109 — Le Désagrément d'être vieux garçon, — Les Quatre
Mendiants, — Toilette d'une famille espagnole, — Qui se
ressemble s'assemble, etc. Huit pièces publiées chez divers éditeurs.

CARICATURES

110 — Sept contre un, ou le comité de la vaccine, — L'Origine de la vaccine, — La Vaccine, — La Mariée de ville, — Les Comédiens ambulants, — Le Bouquiniste en jouissance, — L'Amateur de tableaux en extasé, etc. Neuf pièces publiées chez divers éditeurs.

111 — Le Bon Poisson, — Le Choix du poisson, — Le Botaniste, — M. Courtaud, ou la mauvaise aventure, — Les Avances perdues, — Les Avances inutiles, — Le Cabaret villageois, — La Famillle décrépite en promenade, etc. Treize pièces publiées chez Noël.

112 — La Galerie du Palais-Royal, — Les Amateurs, — La Consultation, — Café du jardin de Tivoli. Quatre pièces.

113 — Jean qui pleure et Jean qui rit, — Le fait n'est que trop vrai, — Les Fureurs d'Oreste, — La Bienvenue, — L'Ancien ami du jeune homme, — Nous sommes sept, — Le Jeu du Diable, — La Petite Bouche, etc. Dix pièces.

114 — Les Tantales modernes, — Milord Pif chez Bichon coiffeur, — Le Fâcheux contretemps, où l'Anglais surpris par sa femme, — L'un soutient l'autre, — M. Bolivar, etc. Dix pièces.

115 — Les Francs Buveurs, — La Mère Radis, — Le Lendemain, — L'Heure du berger, — Le Charlatan montrant la peau d'un homme qu'il a guéri, — Entrez, messieurs et dames, — Les Fumeurs, — Un concert à Sainte-Pélagie, — Les Gourmets, etc. Douze pièces.

116 — Les Suppléants, — Petit Cercle politique, — La Culbute, — L'Emétique littéraire, — Les Quatre âges de la vie, — La Fantasmagorie de l'Odéon, etc. Onze pièces.

117 — Caricatures diverses, gravures et lithographies. Quatorze pièces.

118 — Le Départ de garnison, — Récréation militaire, — Têtes d'étude d'après nature, — Cris de Paris, — Biographie des Contemporains, — Caricatures anglaises, etc. Onze pièces.

CARICATURES

119 — Uniformes anglais. — Uniformes russes, — La Charge d'un mari, ou le fardeau du ménage, — Ah ! quelle tournure, — La Pudeur alarmée, — Faut apprendre à souffrir pour être belle. Six pièces.

120 — L'Accolade perfide, — Le Baiser impossible, — Le Gascon à Londres, ou la Civilité anglaise, — Gargantua à son grand couvert, — Mme Gargantua à son grand couvert, — Sa grâce lord Bouffe-Trop visitant son garde-manger, — Caricatures anglaises. Huit pièces.

121 — Les Nouvellistes du matin, — L'Ouverture d'un bal, — N'y a pas de mal à ça, Colinette...., etc. Quatre pièces.

122 — Une mansarde de la chaussée d'Antin, — Les Anglais au canal de l'Ourcq, — L'Inconvénient des faux toupets, — Les Amateurs du savant jeu de boule aux Champs-Elysées, — Les Montagnes russes, ou la Passion du jour, — Le Combat des montagnes ou la folie Beaujon, etc. Sept pièces.

123 — Caricatures diverses, françaises et anglaises. Dix-huit pièces.

124 — Caricatures par Isabey et Galard. Six pièces.

CARMONTELLE (d'après L.-C. DE)

125 — Pas de deux dansé à l'Opéra par Damberval et Mlle Allard, par J.-B. Tillard. Belle épreuve avec le premier texte dans la marge du bas.

126 — *Brizard* dans le rôle du roi Lear. In-fol. Epreuve à l'état d'eau-forte.

127 — Le même portrait. Belle épreuve.

128 — *Dartous de Mairan* (J.-J.). In-fol. Belle épreuve.

CATHELIN (L.-J.)

129 — *Marie-Thérèse*, impératrice, d'après Ducreux. In-fol. Belle épreuve.

CAZENAVE

130 — L'Amour aiguisant ses traits, d'après Lefèvre, en couleur. Belle épreuve.

CHALLIOU (A Paris, chez)

131 — Vénus et l'Amour, en couleur. Bonne épreuve.

CHARLET (N.-T.)

132 — La Manie des armes, — Doucement, la mère Michel, — La Vieille Aristocratie, elle était polie et généreuse, etc. Six pièces.

CHÉREAU (A Paris, chez)

133 — Seconds voyageurs aériens, ou Expérience de MM. Charles et Robert faite à Paris dans le parterre du jardin royal des Thuileries le 1er décembre 1783. Très belle épreuve.

134 — Lequel des deux, — Le plus fort me tente. Deux pièces. Belles épreuves.

CHODOWIECKI (D.)

135 — Des Adieux de Calas à sa famille, — Les Effets de la sensibilité sur les quatre différents tempéraments, — Buste d'un prince allemand sur un piédestal, entouré de figures allégoriques et ornements, en *forme d'éventail*. Trois pièces. Belles épreuves.

COCHIN (d'après Ch.-N.)

136 — Allégorie sur la mort du Dauphin, — L'Enlèvement des Sabines. Deux pièces gravées par Demarteau et Mme Lingée.

137 — Concours pour le prix de l'étude des têtes et de l'expression par J.-J. Flipart. Très belle épreuve.

138 — Le Chanteur de cantiques, gravé par Madeleine Cochin. Belle épreuve.

139 — Le Jeu de comète, par M. Très belle épreuve.

COCHIN (d'après Ch.-N.)

1 — 140 — Frontispice pour carte géographique, par Nicollet, — Vignette in-4 gravée par Trière. Deux pièces. Epreuves avant la lettre.

3 — 141 — Frontispice de l'*Encyclopédie*, — Titre pour : *Armorial général de la chambre de la noblesse des Etats de Bourgogne, depuis* 1682. Deux pièces gravées par Prévost et Durand. Belles épreuves.

142 — Le Paysan de Gandelu, par Demarteau. Belle épreuve.

143 — *Gaussin* (Mme), par N. Le Mire. In-8. Belle épreuve.

COPIA

144 — *Genlis* (la comtesse de), d'après Méris. In-8. Deux épreuves.

COURTIN et TOURNIÈRES (d'après)

145 — L'Hiver, — Iris, — *A voir cette beauté.* Trois pièces gravées par Chasteau et Poilly.

COYPEL (d'après Ch.)

146 — Jeu d'enfants, par Lépicié. Belle épreuve.

147 — *Ce dépit n'est point redoutable* (Portrait de Mme Favart), par Surugue. Belle épreuve.

CONTES DE LAFONTAINE (Illustrations pour les)

148 — *Boucher* (d'après F.). Le Magnifique, par de Larmessin. Belle épreuve.

149 — *Lancret* (d'après N.). A femme avare galant escroc, par de Larmessin. Belle épreuve avant l'adresse de Buldet.

150 — La Coquette de village, par de Larmessin. Bonne épreuve avant l'adresse de Buldet.

151 — Les deux Amis, par de Larmessin. Très belle épreuve avant l'adresse de Buldet.

152 — Le Faucon, par de Larmessin. Belle épreuve.

CONTES DE LAFONTAINE (ILLUSTRATIONS POUR LES)

153 — *Lancret* (d'après N.). Le Gascon puni, par de Larmessin. Belle épreuve avant l'adresse de Buldet.

154 — Nicaise, par de Larmessin. Très belle épreuve avant l'adresse de Buldet.

155 — Nicaise, par de Larmessin. Belle épreuve.

156 — On ne s'avise jamais de tout, par de Larmessin. Belle épreuve avant l'adresse de Buldet.

157 — Les Oyes de frère Philippe, par de Larmessin. Belle épreuve avant l'adresse de Buldet.

158 — Pâté d'anguille, par de Larmessin. Belle épreuve.

159 — Les Rémois, par de Larmessin. Belle épreuve avant l'adresse de Buldet.

160 — La Servante justifiée, par de Larmessin. Belle épreuve avant l'adresse de Buldet.

161 — Les Troqueurs, par de Larmessin. Belle épreuve avant l'adresse de Buldet.

162 — *Le Mesle* (d'après). Le Cuvier, par Fillœul. Belle épreuve avant l'adresse de Buldet.

163 — La même estampe. Très belle épreuve.

164 — *Paterre* (d'après). Les Aveux indiscrets, par Fillœul. Bonne épreuve.

165 — Le Baiser donné, par Fillœul. Très belle épreuve, marge.

166 — Le Baiser rendu, par Fillœul. Belle épreuve avec l'adresse du graveur.

167 — Le Glouton, par D. R. Très belle épreuve. Rare.

168 — *Vleughels* d'après). Frère Luce, par de Larmessin. Bonne épreuve.

169 — La Jument du compère Pierre, par de Larmessin. Belle épreuve avant l'adresse de Buldet.

CONTES DE LAFONTAINE (Illustrations pour les)

2 — 170 — *Vleughels* (d'après). Le villageois qui cherche son veau, par de Larmessin. Belle épreuve avant l'adresse de Buldet.

COIFFURES ET COSTUMES

26 — 171 — Le triomphe de la coquetterie. Très belle épreuve, coloriée.

12 — 172 — Coiffure à l'espoir, — Étude pour les demoiselles, etc. Quatre pièces.

7 50 — 173 — Coiffure à l'espoir, — Coiffures diverses. Quatre pièces.

20 — 174 — Les funestes effets de la coqueterie, — Ouragan arrivé près du moulin Jeanséniste, le 15 juillet 1772, dont la Coiffure de Mme de Bel-Air en a éprouvé les rigoureux effets, — La même composition en contre-partie. Trois pièces.

14 — 175 — Les funestes effets de la coqueterie, — La baronne du Bel-Air revenant du Palais-Royal, — Départ de la promenade des boulevards de Paris. Trois pièces.

83 — 176 — Coiffures à la mode en 1785. Six pièces, d'après Desrais. Rares.

10 — 177 — Coiffures et costumes, par Le Clerc, B. Picart, Chereau, etc. Huit pièces.

8 — 178 — Coiffures et costumes, par Defraine et Duhamel, tirés du *Cabinet des modes*. Quinze pièces.

33 — 179 — Costumes, d'après Desrais, Leclerc et autres. Neuf pièces, coloriées.

11 — 180 — Costumes français, publiés chez Chereau et Jean. Trois pièces, coloriées.

9 — 181 — Costumes de la fin du dix-huitième siècle, publiés chez Basset. Quatorze pièces, coloriées.

13 — 182 — Costumes d'acteurs, tirés de la *Galerie théâtrale* et autres. Dix-huit pièces en noir et en couleur.

16 — 183 — Costumes d'acteurs, tirés de diverses suites. Quatre-vingt-deux pièces.

COIFFURES ET COSTUMES

184 == Costumes d'acteurs, tirés de la *Correspondance théâtrale de Perlet*. Soixante dix-huit pièces.

185 — Costumes d'acteurs du commencement du siècle. Trente et une pièces.

186 — Rencontre d'officiers anglais et écossais à Paris, — Officiers et soldats russes, — Grenadiers, — Colonel de dragons russes. Cinq pièces dont une double.

187 — Armée des souverains alliés (1814 et 1815). Trois pièces.

188 — Armée des souverains alliés, année 1815. Trois pièces publiées chez Martinet.

189 — Blücher, — Le prince Schwarzenberg, — Costume du 9e régiment de Dragons, — Trompette des Grenadiers de la garde des Consuls, à cheval, — Pontonnier hanovrien, — Trompette du 9e régiment de Dragons écossais, grand uniforme, — Officier des Dragons russes. Onze pièces coloriées, publiées chez Jean.

CUNEGO

190 — *Frédéric II*, roi de Prusse, d'après Cuningham. In-fol. Belle épreuve, marge.

DEBUCOURT (P.-L.)

191 — Le Compliment ou la matinée du jour de l'an, en couleur. Très belle épreuve, encadrée.

191 *bis* — L'Escalade ou les Adieux du matin, en couleur. Très belle épreuve, de la copie ou planche retouchée.

192 — La Rose mal défendue. Belle épreuve. ——————

193 — Elle est prise. Belle épreuve en couleur. ——————

194 — L'Oiseau privé. Très belle épreuve en couleur, marge.

195 — Pauvre Annette, en couleur. Belle épreuve.

196 — Berceau de Paul et Virginie, — Les Premiers pas de Paul et Virginie. Deux pièces faisant pendants. Très belles épreuves, marges.

DEBUCOURT (P.-L.)

85. {197 — L'Orange ou le moderne jugement de Paris. Très belle épreuve, marge.

198 — Les Visites. Très belle épreuve.

99. 199 — Les Courses du matin ou la porte d'un riche, en couleur. Très belle épreuve.

34. 200 — Le Tailleur. Très belle épreuve, marge.

20. 201 — Un gourmand. 1803. Très belle épreuve.

3. 202 — La Servante congédiée. Belle épreuve.

3. 203 — Modes et manières du jour. Numéro 35. Une pièce.

5.50 {204 — Joly, Acteur du vaudeville, en couleur. Belle épreuve.

205 — *Louis XVIII*, d'après Isabey, in-fol. Très belle épreuve.

14. 206 — Les Aveugles, d'après C. Vernet, en couleur. Belle épreuve.

16. 207 — La Marchande de saucisses, d'après C. Vernet, en couleur. Très belle épreuve, marge.

15. 208 — La Marchande de coco, d'après C. Vernet, en couleur. Très belle épreuve, marge.

7. 209 — Il n'y a pas de feu sans fumée, d'après C. Vernet, en couleur. Belle épreuve.

7.50 210 — Le Marchand de peau de lapin, — Adieux d'un Russe à une Parisienne, — Artilleur et chasseur anglais, — Officier anglais se rendant à une partie de plaisir. Quatre pièces, d'après C. Vernet, dont deux coloriées.

6.50 211 — La Marchande de poissons, d'après C. Vernet, en couleur. Très belle épreuve.

3.50 212 — Le Chiffonnier, d'après C. Vernet, en couleur.

36 {213 — Anglais en habit habillé, d'après Vernet, en couleur. Très belle épreuve.

214 — Promenade anglaise, d'après C. Vernet, en couleur. Très belle épreuve, marge.

DEBUCOURT (P.-L.)

215 — La partie de plaisir, d'après C. Vernet, en couleur. Très belle épreuve.

216 — Le Courier anglais, d'après H. Vernet, en couleur. Belle épreuve.

217 — Cosaque régulier de la garde, — Uhlan prussien. Deux pièces, d'après C. Vernet. Belles épreuves.

218 — Le Cosaque galant, — Persan voulant dompter un cheval français. Deux pièces, d'après C. Vernet, en couleur. Très belles épreuves.

219 — Tambours russe et anglais, — Militaires de la garde impériale russe et allemande. Deux pièces en couleur, d'après C. Vernet. Belles épreuves, marge.

220 — Le retour du chasseur, d'après C. Vernet. Belle épreuve.

221 — Costumes polonais, d'après Norblin. Vingt-six pièces en couleur. Grandes marges.

222 — Le Matin, — Le Midi. Deux pièces, d'après Hyp. Lecomte. Belles épreuves.

DECKER (Paul)

223 — Acteurs se costumant et préparant leur entrée. Bonne épreuve.

DE LAUNAY (N.)

224 — Marche de Silène, d'après Rubens, — Angélique et Médor, d'après Raoux. Deux pièces. Belles épreuves.

D'ELVAUX (R.)

225 — Dame grecque, d'après de la Pierre. Belle épreuve.

DE MARCENAY DE GHUY

226 — *Charles V*, dit le sage, — *Henri IV*, — *Sully*, — Michel de l'Hopital, — Le comte d'*Argenson*, — *B. G. Sage*. Six portraits in-8. Belles épreuves.

227 — *De Thou*, in-8. Epreuve avant la lettre.

DEMARTEAU

228 — Jeune femme en buste, tenant une guirlande de roses, d'après Courtois. Très belle épreuve.

DENY (A Paris, chez)

229 — Le départ de la chasse, — Le rendez-vous de chasse, — Le danger des bosquets. Trois pièces.

230 — Le maréchal des logis, — La jeune villageoise rendue à ses parents. Deux pièces coloriées.

231 — L'Agréable surprise, — L'hommage accepté. Deux pièces coloriées.

232 — Trouble-fête, — Les Amours de Georgette, — La fille qui se défend mal, — L'hommage accepté. Quatre pièces, dont trois coloriées.

DEPEUILLE (A Paris, chez)

233 — Les malheurs de la vaccine, — Les bienfaits de la petite vérole, — Réunion à la mode de 1801. Trois pièces coloriées. Belles épreuves.

234 — Caricatures Parisiennes. Allons Messieurs, pour Versailles, Saint-Cloud, Neuilli, etc. Pièce coloriée.

DESHAYS (d'après)

235 — Erigone vaincue, par Levesque. Bonne épreuve.

DESMARQUETTE (Chez)

236 — Trois petits pâtés ma chemise brule, — Le petit bon homme vit encore. Deux pièces en couleur, faisant pendants. Belles épreuves, marges.

DESPREZ

237 — Animal fantastique. Très belle épreuve avec marge. Rare.

DESPLACES (L.)

238 — *Duclos* (Melle), d'après N. de Largillière. In-fol. Belle épreuve.

DESRAIS (d'après C -L.)

239 — Le double engagement, — La triple yvresse. Deux pièces faisant pendants. Très belles épreuves, toutes marges. *Van Zuylen. et Thev.*

240 — Le fossé du scrupule, — Le Baisé deviné, — Variétés amusantes ou la courte-paille. Trois pièces, gravées par Deny. Bonnes épreuves.

241 — Voltaire couronné par Mlle Clairon, gravé par Dupin. Belle épreuve.

DESROCHERS

242 — *Marie-Anne Victoire*, Infante d'Espagne, in-8. Belle épreuve.

DESSINS

243 — Les lunettes, — Le cuvier, Deux dessins à la plume et lavis d'aquarelle, vernis. *Gan. et.*

DEVERIA

244 — Contes de La Fontaine. Trois pièces, in-4, lithographiées par Deveria.

DIVERS

245 — La Chevalière *Déon de Beaumont*, — Dame Julie de *Villeneuve*, — la Comtesse de *Grignan*, — Mlle *de Scuderi*, — Marquise du *Châtelet*, — Mlle *Raucourt*, etc. Neuf portraits in-8 et in-4. Belles épreuves.

246 — *Louis XV*, — *Henri IV*, — *Louis XVIII*, — *Rousseau*, — le Grand *Frédéric*, — *Descartes*, — le Duc de *Reich-stadt*, — *Talma*, etc. Treize portraits in-8 et in-4. Belles épreuves.

247 — *Louis XVI*, — Duchesse d'*Angoulême*, — Le Duc d'Or-*léans*, — Le Grand *Condé*, — *Napoléon III*, — Le Duc de *Reichstadt*, etc. Sept pièces.

248 — *J.-B. Rousseau*, — *La Fontaine*, — *Ch. Perrault*, — *J. Delalande*, — *Bernard de Bonnard*, — *Rousseau* (J.-J.) Six portraits in-8. Belles épreuves.

DIVERS

249 — Portraits d'acteurs et d'actrices des dix-huitième et dix-neuvième siècles. Trente-quatre pièces.

250 — Portraits anglais et américains. Cinq pièces.

251 — Portraits, sujets de genre, caricatures politiques, pièces sur les ballons, etc. Vingt pièces.

252 — Sujets politiques et autres tirés du journal *la Caricature*. Vingt-quatre pièces.

253 — Figures du paysagiste, par Victor Adam, quarante pièces. — Recueil de chiens de chasse, par Carle Vernet, douze pièces. — Études de chevaux, par Carle Vernet, douze pièces, — Mélanges, par Victor Adam, quatre pièces. En tout soixante-huit pièces.

254 — Chasses, courses, etc., gravures et lithographies. Cinquante-trois pièces.

255 — Vue de la nouvelle décoration de la foire Saint-Germain, — Bal de Vincennes. Deux pièces coloriées.

256 — Expériences aérostatiques de MM. Charles et Robert. Cinq pièces.

257 — Paysage d'après Louterbourg, — Chasse au Lion, d'après Parrocel, — le Gâteau des Rois, d'après Vantilborg, — la Surprise du vin, d'après Le Nain, — les Politiques de village, d'après Wilkie. Cinq pièces.

258 — Le jeune symphoniste, d'après Jeaurat. — Le Printemps, d'après La Rosalba. — L'Après-Dîner, d'après Fenouil. — David et Bethsabée, d'après Raoux, etc.. Cinq pièces.

259 — Enlèvement de police, d'après Jeaurat, — l'Amour menaçant, d'après Ch. Vanloo, — là Fête de village, par Pierre, etc. Quatre pièces.

260 — Susanne au bain, — Bethsabée au bain, — Sœur de la bonne femme de Normandie, — Repos de la Vierge, quatre pièces, par Porporati et Wille.

DIVERS

4 — 261 — Costumes tirés du *Sacre de Louis XV*, etc. Huit pièces.

7.50 262 — Études de chevaux, sujets de chasse, voitures, etc. *Bihn*
Quatorze pièces en noir, et coloriées.

4 — 263 — Vues d'optique, coloriées. Dix-huit pièces. *Garnin*

4 — 264 — Sujets militaires, études de chevaux. Vingt-quatre lithographies, par H. Vernet, Swebach, Marlet, C. Vernet, etc.

265 — Sous ce numéro, il sera vendu deux portefeuilles cari-
catures politiques du règne de Louis-Philippe, par Fortuné
L., Massard, Brasseur, Baudet, Bouchot, Ch. Vernier,
Traviès, L. Boilly, Lorentz, Cham, Pigal, C. Vernet,
Cornille, Forest, Grandville, Eug. Lamy, etc., etc.

DREUX (ALFRED DE)

10 . 266 — Motifs équestres. Vingt-cinq pièces. *Gérard*

DREVET (PIERRE)

2 . 267 — *Lesdiguières* (P. M. fr. de Gondy-Retz, Duchesse de), *Mathias*
d'après Pezey, in-fol. Belle épreuve.

DUCHÉ (d'après)

12 268 — Chambre du cœur de Voltaire, gravé par Née. Très *Bihn*
belle épreuve, marge.

DUCLOS ET MEON (d'après)

4.50 269 — Retour de chasse, — le Monarque bienfaisant. Deux *Robert*
pièces faisant pendants. Bonnes épreuves.

DURANT (d'après)

1 — 270 — Triomphe de Rameau, par Fessard. Belle épreuve. *Gosselin*

17 X 271 — Origine des cartes à jouer, pièce en couleur avec lé- *J. B.*
gende. Rare. *Gan. ut.*

ÉCOLE FRANÇAISE DU XVIIIᵉ SIÈCLE

16 X 272 — Un concert, composition de onze figures. Très belle *J. B.*
épreuve avant toutes lettres. *Gan. ch.*

ÉCOLE FRANÇAISE DU XVIIIᵉ SIÈCLE

273 — La Baisse (vue du jardin du Palais-Royal). Belle épreuve. Rare.

274 — La Veille du nouvel an au Palais-Royal, en couleur. Belle épreuve.

275 — Abeilard et Héloïse, — The young Bird Catchers, — l'Hermite en queste, — l'Enlèvement de police, — le Conducteur d'ours, — le Charlatan, etc. Sept pièces d'après Marillier, Netscher, Le Clerc, Jeaurat et Touzé.

276 — L'Amant poète, — Estampes pour *Don Quichotte* et le *Roman comique*, etc. Dix pièces, plusieurs sont avant la lettre.

277 — L'Amour quêteur, — l'Amour en conquête. Deux pièces en couleur, faisant pendant. Belles épreuves avant toutes lettres.

278 — Les mêmes estampes. Belles épreuves.

279 — Cartouches pour écrans, avec paysages au milieu. Quatre pièces. Belles épreuves.

280 — Changez-moi cette tête, pièce curieuse, imprimée en bistre. Très belle épreuve.

281 — Avis au public, tête à changer. Pièce coloriée.

282 — La Danse incroyable, — M. Dosainville dans *les Chasseurs et la Laitière*, — Le Moment de la réflexion, etc. Cinq pièces en noir et en couleur.

283 — L'Instant favorable, — le Midi, — la Rêveuse, etc., Cinq pièces, d'après Freudeberg, Eisen, Duplessis-Bertaux.

284 — Modèles pour écrans et éventails. Cinq pièces coloriées.

285 — L'optique, — Frontispice d'atlas, — l'Esclave heureux, — l'Antropophage, — Réception de Voltaire aux Champs-Élysées, par Henri IV, — Enlèvement d'Europe. Huit pièces d'après Schenau, De Sève, Hilaire, Fauvel et le Moine.

ÉCOLE FRANÇAISE DU XVIIIᵉ SIÈCLE

286 — Le Petit graveur, — Jeune fille tenant un chien, — la Petite fille au volant, — le Pardon, — l'Accouchée, — la Relevée. Six pièces d'après Schenau, Greuze, Chardin et Jeaurat.

287 — Portraits, costumes et sujets divers, en noir et en couleur. Vingt et une pièces.

288 — Costumes, caricatures et sujets divers. Quinze pièces.

289 — Estampes d'après Courtin, Eisen, Natoire, Gillot, Legrand, Monnet, etc. Huit pièces.

290 — Costumes, sujets historiques, etc. Quinze pièces, en partie coloriées.

291 — Sujets galants, coiffures, etc. Six pièces en couleur et à la sanguine.

292 — Estampes diverses d'après Boilly, Monnet et autres. Six pièces dont trois en couleur.

293 — Sujets divers et bustes de jeunes femmes, d'après Huet et Leprince. Cinq pièces en couleur.

ÉCOLE FRANÇAISE ET ANGLAISE DU XVIIIᵉ SIÈCLE

294 — Sujets divers, costumes, pièces historiques, etc. Seize pièces.

295 — La Poésie, — The Power of Love, — Némorin et Estelle, — Jeux d'enfants. Cinq pièces.

ÉCOLE FLAMANDE

296 — La Chauffrette, pièce in-fol. de forme ronde, en couleur. Épreuve avant la lettre.

ÉDELINCK (Gérard)

297 — *Foix de la Valette d'Espernon* (A. L. C. de), Religieuse (R. D., 13). Belle épreuve.

298 — Malezieu (Nicolas de), Écrivain (R. D., 265).

ÉDELINCK (N.)

299 — Vertumne et Pomone, d'après J. Ranc, in-fol. Belle épreuve.

EISEN (d'après F.)

300 — Le Petit espiègle, — les Petits bouffons. Deux pièces faisant pendants, gravées par L. J. Cathelin. Belles épreuves.

EISEN (d'après Ch.)

301 — Concert Méchanique, par De Longueil. Belle épreuve, marge.

ESNAUT et RAPILLY (Chez)

302 — *Moreau* (Jean-Nicolas), — J. de *Crebillon*, — *Molière*, — *Voltaire*, etc. Cinq pièces in-8. Belles épreuves.

FESSARD et SAINT-AUBIN

303 — *Penthièvre* (L.-J.-M. de Bourbon, duc de). In-fol. Belle épreuve.

FICQUET, SAVART et CHOFFARD

304 — *Rousseau* (J.-J.), — *D'Alembert* (J.), — le Duc de la Rochefoucauld. Trois portraits in-8. Bonnes épreuves.

FORTIER

305 — Le Café politique. Belle épreuve.

FRAGONARD (d'après H.)

306 — Suite de vingt estampes in-4, d'après les dessins de Fragonard et Touzé, pour illustrer les Contes de La Fontaine, édition in-4 publiée par Didot, 1795. Rares épreuves avant les numéros et les noms des artistes, petites marges.

307 — La même suite, complète. Très belles épreuves, grandes marges.

308 — Sapho, par Mlle Papavoine. Belle épreuve, marge.

FREUDEBERG (d'après)

309 — L'Occupation, par Lingée. Belle épreuve avant le numéro.

310 — La Soirée d'hiver, par Ingouf. Belle épreuve avant le numéro.

FRUSSOTTE (C.)

311 — Le Chaudronnier, — les Deux solitaires, — la Belle au bois dormant, — Aminte. Suite de quatre pièces, scènes tirées du théâtre de l'Ambigu-Comique. Très belles épreuves.

GAIL (W.)

312 — Il Carnevale in Roma, 1826. Belle épreuve coloriée.

GALARD (d'après DE)

313 — Les Extrêmes se touchent, ou le Pas russe, par Gatine. En couleur.

GAUCHER (CH.-ÉT.)

314 — *Louis-Auguste*, dauphin de France, — Boufflers (St-J. de). Deux portraits in-8. Belles épreuves.

GAULE (d'après)

315 — Femmes d'aujourd'hui, femmes d'autrefois, par Bourtrois. Belle épreuve.

GAULT (A Paris, chez)

316 — Le Cabinet littéraire en plein vent, — le Gros lot ou les Étrennes imprévues. Deux pièces coloriées.

GAUTIER

317 — *Forlence*, d'après Boilly. In-4 en couleur. Belle épreuve avant la lettre.

318 — *Dubois* (Antoine), d'après Boilly. In-4 en couleur. Deux épreuves.

GAVARNI

319 — Mᵐᵉ de Viefville (70 R. R. R.). Très belle épreuve.

320 — Vieux habits, vieux galons, — Toquades, — Chicard, — la Recherche de l'inconnu, — Prélude, — Souvenirs de carnaval, — les Bals masqués, etc. Dix-neuf pièces, dont plusieurs avant la lettre.

GÉRARD (d'après Mlle)

3- 321 — Le Messager fidèle, par N. Gérard. Épreuve avant toutes lettres.

17- 322 — Les Regrets mérités, par N. de Launay. Très belle épreuve, toute marge.

15- 323 — Le Regrets mérités, par N. de Launay. Belle épreuve.

GÉRARD-FONTALLARD

24- 324 — Histoire d'une épingle, par elle-même, en seize tableaux, dans la chemise de publication.

GRATELOUP (J.-B. DE)

170 325 — *Descartes*, — *Dryden*, — J.-B. *Rousseau.* Trois portraits in-8. Très belles épreuves, sur chine.

GRATELOUP (S.)

11- 326 — *Dryden* (J.), 1810. Epreuve sur chine.

GRAVELOT (d'après H.)

2- 327 — Mme *Clairon*, couronnée par Melpomène, par N. Le Mire. Belle épreuve.

GREUZE (d'après J.-B.)

29X 328 — Le Malheur imprévu, par R. de Launay. Très rare épreuve à l'état d'eau-forte. *Jent. ur*

6- 329 — L'Oiseau mort, par Flipart, — l'Heureux ménage, par G. Deux pièces. Bonnes épreuves.

6- 330 — Etude du tableau de *la Dame de charité*, — la Malédiction paternelle, — le Fils puni, — la Dame bienfaisante. Quatre pièces.

331 — La Cruche cassée, in-4, publiée chez Girard. Belle épreuve.

GUÉRAIN (d'après)

25- 332 — Le Trente-un, ou la Maison de prêt sur nantissement, par L. Darcis. Belle épreuve.

HARRIET (d'après F.-J.)

333 — Le Thé parisien, suprême bon ton au commencement
du dix-neuvième siècle, par A. Godefroy. Belle épreuve.

HENRIQUEZ (B.-L.)

334 — D'Alembert (J.), in-fol. Belle épreuve.

HIMELY

335 — September, d'après Turner, — Chasse au renard, sans
noms d'artistes. Deux pièces.

336 — Taking the stag, — Running, — The return home.
Trois pièces, d'après Davis, Hodges et Wolstenholme. En
couleur.

337 — The Meeting place, — Taking the stag, — The Return
home. Trois pièces d'après Hodges et Davis. Belles
épreuves.

HOGARTH (d'après)

338 — Le Mariage à la mode. Quatre pièces. Rares épreuves à
l'état d'eau-forte.

339 — The Laughing Audience, — The Sleepy congregation.
Deux pièces gravées par Corbet, coloriées, encadrées.

HUET (d'après J.-B.)

340 — L'Amant écouté, — l'Évantail cassé. Deux pièces
faisant pendants, gravées en couleur par Bonnet. Très
belles épreuves.

341 — L'Amant pressant, — la Déclaration. Deux pièces
faisant pendants, gravées en couleur par Legrand. Belles
épreuves.

342 — Le Cerisier, — le Goûter champêtre. Deux pièces
gravées en couleur par Jubier. Bonnes épreuves.

343 — Le Jeu du ballon, — le Jeu de tami, — le Jeu de
volant, — le Petit sabot, — le Petit château de carte, —
le Jeu du cerf-volant, — le Jeu de quille, — le Chariot
chinois, — la Bouillie aux chats. Huit pièces gravées en
couleur par Bonnet. Très belles épreuves.

HUET (d'après J.-B.)

13. 344 — Jocönde, conte de La Fontaine, par Bonnet, en cou=
leur. In-4. Rare.

345 — Jupiter couvre la terre de nuages pour jouir d'Io, par
Bonnet. En couleur. Très belle épreuve.

346 — La Mort d'Adonis, — Diane au bain, — Procris tuée
d'un coup de flèche par Céphale. Trois pièces gravées
en couleur par Jubier. Très belles épreuves.

347 — Offrande à l'Amour, par Jubier. En couleur. Très belle
épreuve.

348 — Les Soins maternels, par L.-M. Bonnet. En couleur.
Belle épreuve.

349 — Le Soir, par Bonnet. En couleur. Belle épreuve, marge.

350 — La Vénus bacchique, par Voisard. Très belle épreuve
avant la lettre, marge.

351 — Étude pour les demoiselles. Deux pièces à la sanguine, publiées chez Bonnet.

IMBERT (d'après)

352 — La Curieuse, par C.-F. Letellier. Très belle épreuve.

INCROYABLES

353 — Ah! quelle antiquité!!! — Oh! quelle folie que la nou-
veauté, d'après Chataignier. Très belle épreuve.

354 — L'Anglomane, — L'Inconvénient des perruques. Deux
pièces gravées par Darcis, d'après Vernet. Belles
épreuves.

355 — Café des incroyables, Ma parole d'honneur ils le plai-
santent. 1797. Encadré.

356 — Le Contraste, par Auvray, d'après Le Clerc. Belle
épreuve, marge.

357 — Le Déjeuner, par Gabriel. Belle épreuve.

358 — Faites la paix, par Levilly. Très belle épreuve, marge.

INCROYABLES

12 — 359 — Les Incroyables, par Darcis, d'après Vernet, — Les Croyables actifs du Palais ci-devant Royal. Deux pièces.

23 — 360 — Les Merveilleuses, par Darcis, d'après Vernet, en couleurs. Belle épreuve avec marge.

10 361 — Les Petites Merveilleuses, — Les Croyables au Pérou, — Les Effroyables, — L'Incroyable à cheval, etc. Sept pièces, dont deux doubles.

4.50 362 — La Pièce curieuse, par Darcis, d'après Boilly. Très belle épreuve, marge.

8 — 363 — Le Riche du jour, ou prêteur sur gages, par J.-L. Julien. Belle épreuve.

364 — La Science du jour, — Le Retour incroyable et la précaution merveilleuse. Deux pièces. Belles épreuves.

JONES (d'après)

13 — 365 — Royal Mails Starting from the Post office, — Stagecoach. Deux pièces faisant pendant gravées par Kimely. Très belle épreuve.

12 — 366 — The foxhunter, par P. Himely. En couleurs.

ISABEY (d'après)

3 — 367 — Wanda, Pauline et Emma, filles de Severin Potocki et d'Anne Potocka née Sapieha, gravé par Copia. Bonne épreuve.

ISABEY ET PERCIER (d'après)

3 — 368 — Costumes de l'Empereur et de l'Impératrice le jour du couronnement. Deux pièces gravées par Tardieu et Audouin. Belles épreuves avant la lettre.

JANINET (F.)

56 X 369. — Le Baiser de l'amour, — Le Baiser de l'amitié. Deux pièces en couleurs faisant pendants, d'après Doublet. Très belles épreuves.

15 370 — Bacchus préside à la fête, d'après Carême. En couleurs. Très belle épreuve.

JANINET (F.)

371 — Cinq bustes de femmes, dont un tout petit, réunis sur une même planche. En couleurs. Belle épreuve.

372 — Colonnades et jardins du palais du pape Jules. Deux pièces en couleurs, d'après H. Robert. Belles épreuves.

373 — La Valeur récompensée. Très belle épreuve.

374 — *Le Kain*, d'après de la Tour. In-8, en couleurs. Très belle épreuve.

JAZET

375 — Mœurs du dixième-neuvième siècle. La pluie d'orage ou le désagrément de dîner en plein air, — Une heure avant le concert, ou les musiciens à table. Deux pièces en couleurs faisant pendants. Belles épreuves.

JAZET ET L'ÉVEILLÉ

376 — Tirage au sort pour la conscription, d'après Le Comte, — Renaud et Armide, d'après Le Barbier. Deux pièces en couleur.

JEAN (A Paris, chez)

377 — La Comète, — Les Chanteurs ambulants. Deux pièces coloriées. Belles épreuves.

378 — Degrés des âges, grande pièce coloriée.

JEAURAT (d'après Ét.)

379 — L'Accouchée, — La Relevée. Deux pièces faisant pendants, gravées par Lépicié. Très belles épreuves.

380 — La Couturière, — La Coeffeuse. Deux pièces gravées par Balechou et Sornique. Belles épreuves, marge.

381 — La Place des Halles, par Aliamet. Rare épreuve à l'état d'eau-forte.

382 — La Servante congédiée, par Balechou. Belle épreuve.

383 — La Danse, — La Géographie, — La Musique, — Le Dessin. Cinq pièces dont une double, d'après S. Le Clerc. Belles épreuves.

JEUX (PIÈCES SUR LES)

384 — Jeu de l'amour et de l'himenée, — Jeux divers. Vingt sujets sur une même feuille. Deux pièces coloriées.

LA CHESNAYE (d'après)

385 — Piazza Colonna, Roma, tempo di Carnavale, par Mérigot, en couleur. Belle épreuve.

LAGRENÉE LE JEUNE (d'après)

386 — Les Enfans chéris, — La Tendre Mère. Deux pièces faisant pendants, gravées en couleur, chez Bonnet. Très belles épreuves.

LAMBERT (d'après E.-F.)

387 — The Sportsman preparing, — The Sportsman's visit. Deux pièces, gravées par Himely. En couleur.

LAMOTTE (Mme)

388 — Prière de Voltaire, — Pensée de J.-J. Rousseau. Deux pièces in-fol.

LANCRET (d'après)

389 — L'Amusement du petit-maître, par de F. Bonne épreuve.

390 — Conversation galante, par Le Bas. Belle épreuve.

391 — Le Printemps, — L'Esté. Deux pièces gravées par B. Audran et Scotin. Belles épreuves.

LANCRET ET PATER (d'après)

392 — Le Jeu des quatre coins, — L'Enfance, — Le Jeu de cache-cache mitoulas, — Le Jeu de colin-maillard, — Marche comique, — La Soirée, — Le Concert amoureux, etc. Neuf pièces, par diverses graveurs.

LANG (d'après B.)

393 — La Bergère couronnée, par Demonchy. Bonne épreuve.

DE LARMESSIN

2 — 394 — *Louis,* Dauphin de France, d'après de La Tour, in-fol. en pied. Belle épreuve.

LAVREINCE (d'après N.)

180 395 — L'Assemblée au concert, par F. Dequevauviller. Superbe épreuve, encadrée.

200 — 396 — L'Assemblée au Salon, par F. Dequevauviller. Superbe épreuve avant la dédicace. Encadrée.

245 — 397 — L'Assemblée au Salon, par F. Dequevauviller. Très rare épreuve à l'état d'eau-forte.

8 398 — Les Nymphes scrupuleuses, par Vidal. Belle épreuve.

399 — Les Sabots, par J. Couché. Belle épreuve.

LAVREINCE ET BOREL (d'après)

26 — 400 — Le Contretemps, par Dequevauviller, — L'Alaitement maternel encouragé, par Voysard. Deux épreuves, dont une avant la lettre. Trois pièces.

LE BAS

20 401 — Pierrot et sa progéniture, — Colin-Maillard. Deux pièces imprimées sur une même feuille. La première est double, à l'état d'eau-forte. Trois pièces.

LE BEAU

402 — Conventions de mariage, — Le Mari trompé. Deux pièces faisant pendants. Très belles épreuves, marges.

403 — *Du Bary* (la comtesse). In-8. Belle épreuve.

404 — *Du Gazon* (Mme), de la Comédie Italienne. Épreuve avant le numéro.

18 405 — *Du Gazon* (Mme), — *Dutey* (Mlle). Deux portraits in-8. Belles épreuves.

14 — 406 — *Dutey* (Mlle), d'après Lainé, — *Raucour* (Mme). Deux portraits in-4. Belles épreuves.

9 — 407 — *Marie Leczinska,* reine de France. In-8. Belle épreuve.

LE BEAU

408 — *Pompadour* (la marquise de), d'après Queverdo. In-8.
Belle épreuve avant le numéro.

409 — *Saint-Huberti* (Mme), de l'Académie Royale de musique, — Mlle *Colombe* l'aînée, de la Comédie Italienne.
Deux portraits in-4. Epreuves avant les numéros.

LE BRUN (d'après)

410 — Les Désirs accomplis, — L'Intrigue découverte. Deux
pièces faisant pendants, gravées par Voysard. Très belles
épreuves.

411 — La Toilette de la mariée ou le jour désiré, par Dem-
brun. Belle épreuve.

LE CLERC (d'après)

412 -- Histoire de l'enfant prodigue. Suite de six pièces
gravées par Gaillard, Basan, Teucher, Moitte et de F. Très
belles épreuves, toutes marges.

413 — Jeune femme en buste, gravé à la sanguine, par
Bonnet. Très belle épreuve, marge.

414 — Buste de femme dans un entourage d'ornement, gravé
en couleur par Bonnet. Belle épreuve.

LEGRAND (A.)

415 — La Récompense, — La Pénitence. Deux pièces en couleur faisant pendants. Belles épreuves.

LEGRAND ET LEVILLY

416 — La Mère complaisante, — L'Heureux présage, — Les
Petits Savoyards, — Ma Chérie. Quatre pièces en couleur.

LE NOIR (A Paris, chez)

417 — Expérience aérostatique faite à Versailles le 19 sep-
tembre 1783... Très belle épreuve.

LE PÈRE ET **AVAULEZ** (Chez)

418 — Les Médecins botaniste et minéralogiste écrasés par le Médecin à la mode.

LE PEINTRE (d'après)

419 — Le danger de la Bascule, par de Monchy. Belle épreuve, encadrée.

LEPRINCE

420 — Les Pêcheurs, — Les Laveuses, — Les Batteaux russes, — Le Coche d'eau, — La Récréation champêtre, — Pastorales, — La Danse russe. Huit pièces.

LIGNON (F.)

421 — *Talma*, d'après Picot. In-fol. Bonne épreuve.

LITTRET (C.-A.)

422 — *Clairon* (Mlle). In-4. Belle épreuve.

LONGUEIL (DE)

423 — *Fontanieu* (Messire Gaspard Moïse de), d'après Queverdo. In-fol. Belle épreuve.

LOUTHERBOURG (P.-J.)

424 — Tranquilité champêtre, — La Petite fermière, par Patas. Deux pièces. Belles épreuves.

MARTINET

425 — Colin-Maillard, — L'Amant téméraire, — La Danse champêtre, — L'Escarpolette, — L'Equilibre perdu. Cinq pièces. Belles épreuves.

MARTINET (Chez)

426 — Allons à Bagatelle ! — La Discussion. Deux pièces coloriées.

427 — Antichambre d'un grand seigneur, — Marche de Carnaval. Deux pièces en couleurs.

428 — Café des Aveugles, en couleur.

MARTINET (Chez)

429 — Fête du 14 juillet an IX, vue du temple élevé dans le grand carré des Champs-Élysées dans lequel le Concert fut exécuté. Pièce coloriée. *Gan. gh.*

430 — Les Incroyables à Longs-champs, 1822.

431 — Une matinée du Luxembourg. Pièce coloriée, avec marge.

432 — Quel est le plus ridicule? Rapprochement et contraste des costumes depuis 89. Très belle épreuve en couleur, marge.

433 — La Réunion politique, ou la lecture du journal. Belle épreuve.

MIXELLE

434 — La Diseuse de Bon'aventure, — Les Joueurs. Deux pièces en couleur faisant pendants. Belles épreuves, marges. *Gan. rh.*

435 — La jolie Nourrice, d'après Morland, en couleur. Belle épreuve.

MICHEL (J.-B.)

436 — *Lekain* (Henry Louis), d'après Huquier. In-fol. Très belle épreuve, marge.

MOÍTTE

437 — *Henault* (Ch. Jean François), d'après Saint-Aubin. In fol. Belle épreuve.

MOND'HARE (A Paris, chez)

438 — *Menier* (Joseph), de la Comédie italienne, in-4, en couleur. Très belle épreuve, toute marge.

MONNET (d'après)

439 — Le roi d'Ethiopie abusant de son pouvoir, par Vidal. Belle épreuve.

440 — Vénus et Adonis, par Vidal, — Diane au bain. Epreuve avant la lettre. Deux pièces,

MONNIER (H.)

441 — Grisettes, — Jadis, Aujourd'hui, — Les petites misères humaines, — Les petites félicités humaines, — Mœurs Parisiennes, etc. Soixante pièces en 1 vol., in-fol. obl. cart.

MONSALDY ET DEVISME

442 — Vue des ouvrages de Peinture des artistes vivants, exposés au Museum Central des arts, en l'an VIII de la République française. Deux pièces faisant pendants. Très belles épreuves.

MOREAU (d'après J.-M.)

443 — La Beauté sans aprêts, par P. Moithey. (E. B. 260). Rare épreuve avant la lettre.

444 — Couronnement de Voltaire sur le Théâtre-Français, le 30 mars 1778, après la sixième représentation d'*Irène*. Gravé par Gaucher. Très belle épreuve avant les armoiries.

MORRET ET DE VILLENEUVE

445 — Les Joueurs, — Seront-ils toujours d'accord. Deux pièces en couleurs. Bonnes épreuves.

MULLER (J.-G.)

446 — *Le Brun* (Louise Elisabeth Vigée), de l'Académie royale de Peinture, d'après elle-même, in-fol. Très belle épreuve.

NATTIER (d'après)

447 — La Chasseuse aux cœurs, par B. L. Henriqúez. Très belle épreuve, marge.

NAUDET (Chez)

448 — La Désolation des filles de joie. Belle épreuve.

449 — La Désolation des filles de joie. Belle épreuve, coloriée.

NIXON (J.)

450 — Marche incroyable, en couleur. Belle épreuve avant la lettre.

OCTAVIEN (d'après F.)

451 — Le Sommeil tranquille, par Thevenard. Belle épreuve.

ORNEMENTS

452 — *Curle et Roubillac*. Fleurs. Neuf pièces gravées en couleurs. Belles épreuves avec marge. *B. et.*

453 — *Divers*. Décorations d'intérieur, d'après Pineau, De Puisieux, Mansart, etc. Dix pièces.

454 — Ornements, d'après Dumont, Huet, Lavallée-Poussin, Borch, Bouchardon, De Vries, etc. Neuf pièces.

455 — *Pillement*. Sujets chinois, gravés par Anne Allen et J. Deny. Sept pièces en couleur. *B. cu*

456 — *Prieur*. Dixième cahier de sujets arabesques, inventés par L. Prieur et Paris, chez Joubert. Quatre pièces, grandes marges.

PAUQUET et BARTOLOZZI

457 — Fleurons et en-tête pour livres in-folio. Trois pièces. Rares épreuves à l'état d'eau-forte. *Gan. et*

PETIT et LÉPICIÉ

458 — *La Fontaine Solare de la Boissière*. (Marie G.-L), d'après de La Tour. — *Desmares* (Charlotte), d'après Coypel. Deux portraits in-folio. Belles épreuves.

PEYROTTE (d'après)

459 — Les Nouvellistes. Épreuve avant toutes lettres.

PFEFFEL (J.-A.)

460 — *Maria-Anna*, archiduchesse d'Autriche. In-folio en manière noire. Belle épreuve.

PICART (B.)

461 — Le Jeu de Lansquenet. Belle épreuve.

PIERRE (d'après)

462 — Bacchanales, par Demarteau. Belle épreuve.

POLLARD (d'après J.)

463 — Fly Fishing. — Trolling for pike. Deux pièces gravées par Himely, en couleur.

464 — Le Retard de la malle-poste. — Le Relai dans la neige. Deux pièces gravées par Himely. Belles épreuves,

465 — Le Retard de la malle-poste. Épreuve en couleur.

PRUNEAU

466 — *Favart* (Mme), d'après Simonet. In-folio. Très belle épreuve.

QUEVERDO

467 — Nouveau calendrier de la République française, 1793. Belle épreuve.

QUEVERDO (d'après)

468 — L'Eau. — L'Air. — Le Feu. — La Sculpture. — La Peinture. Cinq pièces coloriées.

469 — Les Plaisirs de l'hiver, par Frussotte. Très belle épreuve.

470 — Le Prélude, par Droyer. Très belle épreuve.

QUEVERDO LE JEUNE (d'après)

471 — Milord Bouffi payant sa carte à Mme Veri. En couleur. Très belle épreuve.

RAMBERG

472 — Les Lunettes. Grande pièce in-folio, en largeur, coloriée.

473 — Les Pommes renversées. Grande pièce en largeur, coloriée.

REGNAULT (N.-F.)

474 — Matin. — Soir. Deux pièces faisant pendants. Belles épreuves.

ROMANET (A.)

475 — *Dubus de Preville* (P.-L.), acteur. In-folio. Belle épreuve.

ROWLANDSON (d'après)

476 — M* H. Angelós fencing Academy. Grand assaut donné dans la salle d'armes d'Angelo par la chevalière d'Eon et le sergent Léger, gravé par Ed. Gosselin, en couleur.

SAINT-AUBIN (d'après Aug. de)

477 — La Promenade des remparts de Paris, — Tableau des portraits à la mode. Deux pièces faisant pendants, gravées par Courtois. Belles épreuves, encadrées.

478 — La Promenade des remparts de Paris, par P.-F. Courtois. Très belle épreuve, marge.

479 — L'Heureux ménage, — la Sollicitude maternelle, — la Tendresse maternelle, — l'Heureuse mère. Suite de quatre pièces gravées en couleur par Sergent, Gautier, Phelipeaux et Morret. Très belles épreuves.

SAINT-AUBIN (G. de)

480 — *Orléans* (le duc d'), d'après Cochin, in-4. Belle épreuve.

481 — *Rousseau* (J.-J.), d'après De la Tour, in-4. Belle épreuve, marge.

482 — Portraits de poètes et littérateurs publiés chez Renouard. Vingt-sept pièces.

SAINT-QUENTIN (d'après)

483 — Les Garants de la félicité publique, par Née et Masquelier. Très belle épreuve avant la lettre.

483 *bis* — La même estampe. Très belle épreuve.

SAYER (R.)

484 — Beauty in Search of Knowledge, — The two friends, — The private correspondence or Bethy in the secret, — The contemplative charmer. Quatre pièces.

SCHENAU (d'après)

485 — Les Modernes connaisseurs, — le Réveil maladroit. Deux pièces gravées par Varin et Dupuis. Belles épreuves.

— 43 —

SCHENAU (d'après)

*13_* 486 — La Naissance de l'Amour, — l'Amour fixé, — la Brouille; — le Pardon général. Suite de quatre pièces gravées par L. Gaillard. Belles épreuves.

SCHENKER

*3_* 487 — Fanchon la Vielleuse, d'après De la Place. Belle -épreuve.

SCHMIDT (G.-F.)

10 488 — *Rousseau* (J.-J.), d'après Aved. In-8. Très rare épreuve avant toutes lettres.

SERGENT (d'après)

9 50 489 — *Fénelon* (François de Salignac de la Motte), — *Bossuet* (Jacques-Bénigne). Deux portraits in-4 en couleur, gravés par Mme de Cernil. Très belles épreuves, marges. -

76- 490 — *Zcernicheff* (Z.-G. comte), d'après de Meys. In-8 en couleur. Superbe épreuve. Très rare.

SMITH (J.)

11- 491 — *Danemark* (George prince of). Deux portraits différents, d'après Kneller. In-fol. en manière noire. Belles épreuves.

492 — *Glocester* (W. Duke of), d'après Kneller, — *Exeter* (John Earl of), d'après Kneller. Deux portraits in-fol. en manière noire. Belles épreuves.

493 — *Murrey* (J.), peintre, d'après lui-même. In-fol. en manière noire. Belle épreuve.

3- 494 — *Schalcken* (G.). In-fol. en manière noire. Belle épreuve.

SWEBACH-DESFONTAINES (d'après)

57- 495 — Caffée des patriotes. Grande nouvelle du Nord, gravée en couleur par J.-B. Morret Très belle épreuve.

SWEBACH ᴇᴛ V. ADAM

10- 496 — Sujets militaires. Vingt-six pièces formant trois suites dans leur couverture de publication.

TAUNAY (d'après)

497 — Foire de village, par Descourtis. Réduction in-8. Très belle épreuve, marge.

THÉVENARD (A Paris, chez)

498 — La France remercie le ciel de l'heureux rétablissement de la santé de Monseigneur le Dauphin, qui fait la joye de tous les peuples. Almanach de 1753, colorié. Très rare.

THOMASSIN (S.)

499 — *Dandré-Bardon*, peintre du Roy, d'après J.-B. Vanloo. In-fol. Belle épreuve, marge.

TRINQUESSE (d'après)

500 — L'Irrésolution ou la Confidence, par A.-J. Pierron. Belle épreuve.

VARIN

501 — La Danse du peccata, — la Danse de l'ours. Deux pièces faisant pendants. Belles épreuves, marge.

VERNET (Carle)

502 — Cris de Paris, dessinés d'après nature, par C. Vernet. A Paris chez Delpech. Quatre-vingt douze pièces et le titre.

VERNET (d'après C.)

503 — Congé absolu, gravé par Duplessis Bertaux. Rare épreuve à l'état d'eau-forte, avant la composition et l'inscription du milieu.

504 — La même estampe, terminée par Godefroy. Belle épreuve.

505 — Les Gastronomes sans argent, — les Gastronomes en jouissance. Deux pièces gravées par Coqueret et Commarieux. Belles épreuves.

506 — Oh ! c'est bien ça, par Levachez, en couleur. Belle épreuve.

507 — Les Ennuyés chez eux (intérieur du café Procope). Deux épreuves avant la lettre, dont une coloriée. Marges.

VERNET (d'après C.)

16. 508 — Cheval sortant de l'écurie, gravé en couleur, par Coqueret. Belle épreuve.

VERNET (d'après H.)

509 — Incroyables et Merveilleuses. Douze pièces gravées par Gatine.

VIGNETTES

510 — *Cochin (d'après Ch. N.).* Vignettes, fleurons et entêtes pour divers ouvrages. Vingt-six pièces, en partie avant la lettre.

511 — Divers. Vignettes d'après Moreau, Marillier, Monnet et Queverdo, pour Gresset, Rousseau, Florian, etc. Douze pièces, en partie avant la lettre ou à l'eau-forte.

512 — Vignettes d'après Prud'hon, Borel, Moreau, Marillier et Colin. Quatorze pièces, dont plusieurs avant la lettre.

513 — Titres et frontispices, vignettes pour almanachs, par Chodowiecki et autres. Quatre-vingts pièces.

514 — L'École des femmes, — les Rémois, vignettes pour opéras comiques, par Desrais et Martinet, etc. Neuf pièces.

515 — Costumes, compositions pour dessus de tabatières, et vignettes diverses. Quatorze pièces.

516 — Estampes et vignettes d'après Vernet, Lancret, Watteau, Guelard, Greuze, Leprince, etc. Vingt-six pièces.

517 — Vignettes pour ornementation de livres des dix-huitième et dix-neuvième siècles. Soixante-dix-huit pièces, en partie avant la lettre.

518 — Costumes, coiffures, etc., par B. Picart, Hollar, Watteau, etc. Cinquante-cinq pièces.

519 — Vignettes pour almanachs de poche, publiées chez Desnos. Dix pièces.

520 — Seize pièces, d'après Eisen, Gravelot et autres.

VIGNETTES

521 — *Duplessis-Bertaux.* Compositions diverses tirées du *Recueil de cent sujets.* Trente-six pièces.

522 — *Eisen (d'après Ch.).* Vénus devant Jupiter, vignette in-8, pour : *Lettre en vers de Gabrielle de Vergy à la comtesse Raoul,* par M. Mailhol. Deux épreuves, dont une à l'état d'eau-forte.

523 — *Janet (et Paris chez).* Petites vignettes pour almanachs de poche, imprimées sur une même feuille. Deux différentes suites ; une est avant la lettre.

524 — *Marillier.* Fleurons et en-tête pour les Fables de Dorat et autres ouvrages. Neuf pièces avant la lettre ou eaux-fortes.

525 — *Monnet.* Suite de vignettes pour *Lucrèce.* Six pièces avant la lettre.

526 — *Moreau et Oudry.* Vignettes in-fol. pour les Fables de La Fontaine, et le *Voyage du jeune Anacharsis.* Quatre pièces, dont trois à l'état d'eau-forte.

527 — *Queverdo et Gravelot.* Deux gravures in-4, pour les œuvres de Voltaire. Épreuves à l'état d'eau-forte. *Bay.*

VOYEZ (N.-J.)

528 — Liberté, — Patrie, — le Repentir, — le Désir, — la Douleur, — l'Étonnement, — les Regrets. Sept pièces d'après Le Brun et Coypel. Belles épreuves.

WATTEAU (d'après ANT.)

529 — Études de deux jeunes femmes sur une même feuille, gravé à la sanguine, par François.

WATTEAU (d'après L.)

530 — La quatorzième expérience aérostatique de M. Blanchard, accompagné du chevalier Lepinard, faite à Lille en Flandre, le 26 août 1785. — Entrée de M. Blanchard et du chevalier Lepinard, cinq jours après leur ascension aérostatique dans la ville de Lille, le 26 août 1785. Deux pièces faisant pendants, gravées par Helman. Très belles épreuves, grandes marges.

WATTEAU (d'après L.)

531 — Jeune femme debout dans un jardin, gravé en couleur, par Guyot. Épreuve avant la lettre.

WATSON (Th.)

532 — *Eloïsa,* — *Abélard.* Deux pièces in-4, d'après Gardner. Belles épreuves.

WILLE (J.-G.)

533 — *Lowendal* (Woldemar de), d'après De la Tour, in-fol. Belle épreuve.

534 — Marie-Josephe de Saxe, dauphin de France, d'après Klein. Belle épreuve, marge.

WILLE (d'après P.-A.)

535 — L'Écrivain public, — les Joueurs. Deux pièces gravées par Guttenberg et Romanet. Belles épreuves.

WILLE (P.-A.)

536 — Petit Waux-Hall. Belle épreuve.

WOLFF

537 — Les Pommes de terre. Belle épreuve.